부모님의바다

숨시선 06

부모님의바다

윤민자 시집

| 시인의 말 |

  저는 스무 살, 얼떨결에 결혼을 해서 처녀 시절 아름다운 추억도 없고 고향에서 식구들이랑 어렵게 살았던 이야기와 철부지 어린 나이에 시집 살던 경험을 시로 써봤습니다.
  시인으로 등단 된 글도 부모님의 바다, 부모님께서 갯벌에 나가셔서 조개 방개 새우를 잡아다 팔아서 우리 여섯 형제를 공부시켰던 부모님의 따뜻한 사랑을 써봤습니다. 변변치 못한 제 글을 끝까지 봐주시고 큰 힘을 내게 해주셨고 지도해 주신 정정예 교수님께 감사드립니다.
  그 가르침에 따라 인성과 덕망을 쌓아 예의 바르고 타인을 배려하는 마음가짐을 갖고 열심히 창작한 시인이 되도록 노력하겠습니다. 응원해 준 아들딸 형제들 그리고 친구들에게도 고맙습니다.

                                                윤민자

| 차례 |

시인의 말　5

제1부

가을 하늘　17
가을이 떠난다　18
가을이 오는 소리　19
가을 하늘과 나　20
갈 곳을 몰라　21
고독　22
고향 친구　23
국화꽃　24
그대여　25
그리움　26
꽃들의 계절　28

제2부

나 그대를 위하여　31
낙엽　32
남편의 생일　33
내 동생　34
노을빛 사랑　36
노을빛 인생　37
논두렁 커피　38
눈물　39
달　40
다듬이소리　42

제3부

두 그림자　45
대리운전　46
동병상련　48
등대　49
맹세　50
목소리　52
모과　54
바다 끝 산기슭에　55
바람 소리　56
봄의 교향곡　57
부모님의 바다　58

제4부

불타는 낙엽	63
비 내리는 토요일	64
비가 오면	65
사랑 찾아	66
빨간 우체통	68
사랑	69
사랑은	70
사랑의 빛깔	72
사월을 보내며	73
산책로	74
산행	75

제5부

소낙비 같은 사랑   79
소나무   80
성상의 다리   82
슬픔   84
아버지의 부음   85
아침   86
약속   87
어버이날   88
어머니   90
연경산 덕분이네   91
연경산의 매력   92

제6부

영정사진　95
옛 터전　96
영흥도 가는 길　98
우산　99
원미산 진달래꽃　100
위문편지 1　101
위문편지 2　102
편지　104
유리창　106
은하수　107
이름 모를 꽃　108

제7부

잊혀가는	111
일기	112
잠 못 드는 밤	114
존재의 이유	115
진달래꽃	116
찻집	117
첫사랑	118
친구	120
칠월 초하루	122
청개구리와 가로등	123
카페에서	124

제8부

커피 127
큐피드 사랑 128
한 줌인 것을 129
할미 꽃 130
해돋이 131
행담도 132
호수 134
황혼 길 135
고생 졸업식 136
아름다운 집 137

해설 141

제1부

가을 하늘

푸른 양탄자 위에
토끼들도 뛰어놀고
새털 같은 구름이
예수님도 그려주네

어머! 저건 뭐야
또렷하게 그려주는
우리 엄마 모습
천당 가 계시는구나,

자꾸자꾸 변하는
새털구름 바라보며
하늘나라에 먼저 간
내 동생도 있나 찾아본다.

가을이 떠난다

천둥번개 요란하게 치니
낙엽이 이리저리 뒹굴며

화려하게 불타오르던
단풍잎을 모두 데리고
떠나려나

성난 파도처럼 울부짖고
가을비를 동반하여
가을은 울면서 떠난다.

가을이 오는 소리

귀를 기울여 봐요,
매미는 제 소임을 다 한 듯
울음소리 길게 늘어진 소리

길섶에 한두 이삭씩
꽃을 피운 개여뀌 앙증맞게 손잡고

더 길게 늘어선 돌나물
연경의 좁은 영역에서
가을 맞을 채비를 하고 있네요

대낮의 자줏빛 태양이
불사신처럼 작렬할지라도
가을은 서서히 우리
곁으로 다가오고 있고

눈 비비고 귀 기울여 들으면
시 한 수 읊조리고 싶습니다.

가을 하늘과 나

하늘을 올려다보니
푸른 하늘에 솜털 같은
구름이 두둥실 떠다니며
예수님도 그려주고
친구들 얼굴도 그려주네
어머! 저건 뭐야,
솜털 같은 흰 구름 타고
나도 날아다니고 있잖아.

갈 곳을 몰라

약속도 없는데
예쁘게 차려입고
거리를 헤매고 있다

세월 가는 게 아까워서
무의미하게 오늘이 지나가면
하루를 잃어버린 것만 같아

저기, 커피숍이 보인다
다리도 아프고 허전한 마음을
시로 달래 보려고 구석 자리를 잡았다

한편이라도 잘 쓰려면
시간이 오래 걸릴 것 같아
어둑한 공간을 찾는다

어느 순간부터 시는
소중한 친구가 되었고
하루 종일 내 손 꼭 붙들고
놓지 않는다.

고독

적막한 어두움이 찾아오면
그대가 보고 싶어서
창가에 기대어 본다

입김을 후 불어 넣고
하얀 백지 위에

보고 싶다 사랑해!
그대의 이름을 써본다

비가 내린다.
창문으로 흐르는 빗줄기는
아픈 마음을 씻어 주듯이
글 한 자씩 지워 나간다

슬픔이여, 고독이여! 안녕.

고향 친구

친구야,
냉이를 한 움큼 캐서 삶아
고추장 넣고 무쳤어
옛 생각이 났어

양푼에 참기름 듬뿍 넣고
고추장에 쓱쓱 비볐지
숟가락 하나 더 꽂아놓고
반을 금을 그어놓고

내 쪽에 있는 것만 먹었지
너를 생각하면서 말이야
남은 건 밤참으로 먹으면서
너를 기억할게.

국화꽃

향기에 취해 눈을 감는다
걸으면서 코끝으로 들어오는
짙은 향기

이 향기가 좋아서
가을이 찾아왔구나,

꽃잎에 머물다가
향기에 머물다가
가을이 흠뻑 취했구나.

그대여

그대와 손잡고
숲길을 따라 걷다 보면

호숫가에 저녁노을 잔잔하게 일렁여
빨갛게 빨갛게 물들어 가고

둘레길 지나가노라면
창가에 비춘 불빛이 따스하게
다가와

호숫가에 오두막 짓고
살아보면 어떤가요.

그리움

꽃잎에 머문 그리움
나뭇잎 흔들리는 소리에
행여나 임 오셨는지
창문 열고 귀 기울여 봅니다

미풍에 흔들리는 소리
임 모습 그리며 숨결을
느껴 봅니다

그리워 그리워서 행여나 꿈속에서 볼까
눈을 감아 보지만 바람처럼 구름처럼
아롱대다 살아집니다

내 가슴에 그대 모습
깊이 새겨 있지만
내 임은 바람처럼 구름처럼
날아만 가나요

내임을 기다리고 있어요
꿈속에서 나를 찾아오세요.

꽃들의 계절

아카시아 진한 향기
가득하고

붉은 장밋빛
화려함을 자랑하며

마음껏 정열을
들어내는 오월

벌 나비도
꽃들과 사랑을
나누는 계절에

피었다 지고
또 피어나는 꽃들이

초록색 대자연 속에
한 폭의 수채화이어라.

제2부

나 그대를 위하여

아침 햇살에
막 피어난 장미가 되어
그대 가슴에 행복 짓고
피는 꽃으로

춥고 외로운 밤이면
별이 되어
그대 외롭지 않도록
밤새 속삭여 주는,

행복의 웃음꽃
사랑해서 빛난 별
꽃별이 되고 싶어요

나 그대를 위하여
꽃별이라고 이름을 불러주세요.

낙엽

창가에 떨어진 낙엽이 뒹군다

나부끼는 바람 속으로
정처 없이 돌아다닌다

마지막 남은 잎새 하나
앙상한 가지 위에 버티고 있다가

떠나간 그대처럼
나를 보고 애원하고 있는 듯이

애처롭지만 난 너를 위해
눈물 몇 방울만을 흘릴 뿐이다.

남편의 생일

떨어진 남편 구두를 보고
남몰래 모아놓았던 비상금으로
큰맘 먹고 새 구두를 샀다

여보 생일 축하해!
예쁘게 포장한 선물을 건넸다

무슨 돈으로 샀어?
머뭇머뭇하는 나를 보고
남편은 나 몰래 비상금을 훔쳐냈구나,
버럭 화를 내며 구두를 내던졌다
그날로 쫓겨났다

비가 주룩주룩 내리고 있었다
눈물인지 빗물인지
지나가는 사람들이
쳐다봐도 모르고 울었다.

내 동생

농촌 총각이 뒤늦게 장가들어
아들 하나 낳고
어렵게 만들어준 패물이며 화장품,
암소 한 마리 사서 새끼 몇 마리
더 늘려 보겠다고 만들어 놓은 돈

어느 날 밤 올케는
조카가 백일도 안 됐는데
보따리 싸 들고 도망갔어요

매일 분통이 터진 동생이
술로 살다가 그만 트럭에 치여
삼십 대에 하늘나라에 갔죠

홀로 사시던 우리 아버지는
아들 잃은 슬픔에,
젖 달라고 울어대는 손자에
똥 기저귀 빨아 대며

손자 키우시다가
늙으신 아버지도 일 년 만에
세상을 떠나셨죠

젖 달라 아우성치는 조카의 울음소리만
세상을 꽉 채웠습니다.

노을빛 사랑

사랑은
내가 당신의 가슴에 서서히
물감 들여가고

사랑은
당신이 내 가슴에 서서히
물감 들여오고

사랑은
서로가 서로에게
곱고 아름다운
물감 들여가서

그대와 나의 색깔이 합쳐지면

별빛보다 빛나고
꽃 빛보다 아름다워
노을빛 붉게 타는 사랑이 되리라.

노을빛 인생

타들어 가는 붉은 노을
마지막 화려한 인생을
바라보는 거 같아 쓸쓸하다

꺼져가는 내 인생
어느새 여기까지 왔는지

밀려오는 두려움에
저 황혼빛 노을처럼
서산에 넘어가려 하는 내 인생을
붙잡을 수는 없는 건지
서글픈 생각에 젖어본다.

논두렁 커피

모내기하려고 써 레 질을 한다
어머니가 내오신
점심과 막걸리를 드시고
읍내로 커피를 시킨다

십 분 내로 짧은 미니스커트
아가씨가 오토바이에서 내린다

아저씨들 눈 호강을 하며
야한 이야기꽃을 피운다

아저씨들 해 넘어가요
어머니 목소리 높이신다.

눈물

아버지를 산에 묻고 온 날
부르면 메아리만 돌아올 뿐
허망함이 미쳐버리도록 몰려와서
쓰러졌다

세상에 아버지를 볼 수 없다니
며칠을 울며불며 찾아다녔다

딸이 속상한 일 있으면 어찌 아시고
막걸리 따라주시며 네가 참아라, 참아라
하시던 말씀이 귀에 쟁쟁하게 들린다

그때는 어려워서
맛집 한 번 새 옷 한 벌 못 사드린 게
가슴에 맺혀서 지금도 막걸리를 마실 때면
아버지 생각나서 눈물을 울컥울컥 쏟는다.

달

뒤란 끝에 서있는 미루나무 사이로
밝고 훤한 달님이 나를 반긴다

사춘기 때,
사랑하는 사람이 있으면 얼마나 좋을까

달님,
저에게 잘생긴 남자를 보내 주세요

저녁 설거지만 마치면 미루나무 밑에서
달님에게 빌었다

일 년이 가고 이듬해 크리스마스 날
동네 오빠한테 크리스마스카드를 받았다
어찌나 가슴이 쿵쾅쿵쾅 뛰는지
그날은 가슴 터져 죽는 줄만 알았다

그때 오가던 연애편지 덕분에
시를 좋아하고 시인이랑 소설가가
되고 싶었다

간호 장교에서 섬마을 선생에서
꿈이 바뀌었다

아직도 그 꿈은 꿈일 뿐일까,
꿈은 아닐지도 모른다

늦게나마 내 꿈을 이루어 보련다
인천대교로 넘어가는 해님이 윙크한다.

다듬이소리

학교 갖다 집으로 돌아오는 길
저 멀리 다듬이소리 들려온다

뚝딱뚝딱 뚝딱뚝딱
할머니와 어머니
장단 맞춘 방망이

할아버지 아버지
두루마기 바지저고리 마고자를
다리미 대신 방망이로 두드려
구김을 펴는 지혜다

이불 홑청 다듬이질로
구김을 펴고 할머니 어머니는
고단한 삶을 노래하듯 이마에
주름을 펴듯 방방 이질 정겹다.

제3부

두 그림자

뒤란 한구석에 서 있는
미루나무 사이로
달빛에 비취는 두 그림자를
나는 보았네

우리 오빠 옆집 언니 껴안고
뽀뽀하고 있는 것을
화들짝 놀란 두 사람 달아나느라
고무신도 벗겨진 채로 달렸지

그 이튿날부터 부모님 허락 아래
열렬히 사랑하다 오빠 결혼했고
두 조카가 생겼지

네 덕분이라고 지금도 말씀하시며
웃으신다
호호호, 하하하.

대리운전

남편 잃고 잠 못 자고
우울증에 시달렸던 시절
죽어버릴 것 같아 대리운전을 시작했다

첫 손님의 도착지는 공교롭게도
내가 사는 아파트다

반가워서 이야기하다가 친해져
우리는 라이브 카페로 차를 다시 돌렸다

직업은 잊은 채 손님이 친구가 되어
바람난 남편의 사연을 듣고 열불 나서
둘은 술을 퍼마셨다

밤이 깊도록 마시고 집에 오려고
대리를 불렀다

술에 취해 내 직업이

대리운전이란 것을 깜박 잊었다
비틀대며 세워둔 차를 몰고 오다 사고를 냈다
하루 만에 대리운전은 끝이 났다.

동병상련

순자야, 우리 첫 만남이 병원이었지
난 다리 골절에 119에 실려 응급실에 오고
넌, 팔팔 끓는 물에 온몸 화상을 입고 실려 왔었지
우리가 입원했던 날 아픔도 잊어버리고
서로 위로해 주기 바빴지 동병상련이라,
남편들에게 얻어맞고 사는 우리는
남편들에게 당한 이야기하며 분노했었지,
병원 생활은 성질 더러운 남편들도 없고
바쁜 집안일에 시달리지도 않고 좋아했던 우리들
여유롭고 한가한 시간이 이렇게 편안할 수가,
세끼 밥해다 바치고 우리는 한 병실에서
한 달 동안 같이 있다 보니 혈육 같은 친구가 되었지
어쩌다 헤어진 내 친구야!
지금은 잘살고 있었으면 빌어 본다
내 친구 순자야 우리는 그때가
제일 편한 휴가였다고 생각하는데
어디 사는지 보고 싶구나.

등대

혼자 서있는 빨간 등대
네 옆에 파란 등대 하나
세워 주었으면 좋겠다

온종일 서있어도
눈빛 마주 보며 행복하겠지

밤바다에서
오고 가는 배들이
두 개의 불빛 때문에
환하게 더 잘 보일 거야.

맹세

백년해로하자고
굳게 언약을 해놓고
먼저 떠나신 건
당신이십니다

하얗게
파도가 밀려와서
물거품만 남겨놓고
사라져 버리는 것처럼

당신도 내게 사랑만
남겨놓고 혼자
떠나셨습니다

새해 첫날이면
해맞이하러 당신과
찾아왔던 경포대
당신이 너무 보고파서

지금 이렇게 혼자 와서
몸부림으로 소리쳐 불러봅니다.

목소리

어둑어둑 해가 질 무렵이면
저녁 먹어라

귀청이 떨어져 나갈 듯
부르는 어머니 목소리

술래잡기하느라
바로 대문 뒤에 숨어 있었다가

대답할 수도 없고
안 할 수도 없고,

어머니 동네 한 바퀴를
다 돌고 다니신다

대답을 안 했다고
그날 밥도 못 먹고
많이 맞았다

매 맞아도 좋으니
오늘은 어머니 목소리
사무치게 그리운 날이다.

모과

너는 참 못생겼구나
울퉁불퉁 속까지 참
떨떠름하고 맛이 없니

참,
너 하나만 있으면
거실 안에 진한
향기 가득해서 좋아

어머! 또 있다
향기로운 모과 차
흉봐서 미안해
좋은 점 또 찾아볼게.

바다 끝 산기슭에

망망대해 바닷가
산기슭에 누가 살고 있을까

외롭고 쓸쓸한 사람 살거든
내게로 오세요

멀어서 못 오시면
바람에 실어 편지라도
전해주세요

그대 외로운 마음에
등대 되어 불 밝혀 주리라

파도에 기러기 춤추는
사랑 하나 남겨주리라.

바람 소리

똑똑,
창문을 두드린다
가슴이 설렌다
단숨에 밖으로 나가보니 너였구나
바람 너였구나.
해 질 녘에 올 때는
하늬바람에 내가 몹시도
그리워하는 사람을 태우고 오렴.

봄의 교향곡

두꺼운 얼음장을 녹이고
흐르는 물소리는 경쾌한
음악 소리로 들리네

얼어붙었던 마음도
얼음조각처럼 녹아서

정겹게 이어지고
흐르는 물이 되었네

어렵고 힘든 상황 속에서도
극복할 수 있는 에너지가
솟구쳐 오르네.

부모님의 바다

바닷가 작은 마을,
할아버지 앞마당 깨끗이 쓸어놓고
할머니 고추 따다 말리고 손주들
돌보시며 집안일은 맡아 하신다

아버지 어머니 갯물이 빠질 때면
바다로 나가신다
바지락 새우, 방게 숭어를 잡아
장에 가서 파신다

그 돈 모아 두 남동생은
엄마의 소원대로 선생님이 되었고,

허리가 새우등처럼 굽으시고
손바닥이 거북이 등처럼 딱딱해지신 부모님
저, 바다에서 얼마나 힘드셨을까

바닷물이 빠지고 갯벌이 보인다

바다를 향해 거북이 등으로 기어가시는
아버지 어머니,
뒤돌아보시며 손 흔들고 계시다.

제4부

불타는 낙엽

그대여,
코스모스 꽃 한 아름 안고
내게로 와 주세요

나 그대를 위해
모카 라테 두 잔 끓여 담고
나풀나풀 스카프 목에 걸고
단풍 드는 길목에 서 있을게요

황금빛 떨어지는 낙엽 속으로
불타는 낙엽 밟으며

코스모스 꽃길 안고 오는 그대를 위해
새처럼 지절대며 노래 부르겠습니다.

비 내리는 토요일

밤새 내린 비로 길섶 풀잎에 맺힌
이슬을 털며 산길을 오른다

연경의 초목이 목욕을 막 끝낸
화청지 양귀비처럼 보인다

나 혼자 보기에 송구스러워
짧은 글로 표현하려니
신선하고 맑은 공기까지
닮을 수가 없어서 아쉽구나.

비가 오면

비가 오면
내 마음이 울어요
비 오는 날
동생도 하늘나라 갔고요
내 임도
무지갯빛 타고
올라갔어요
비가 오면
내 마음이 울어요
사랑하는 사람이
내 곁은 떠나서
울어요.

사랑 찾아

남자친구 생기면 입으려고
예쁜 바바리를 마련해서
옷장에 넣어놓았지

이듬해가 되어도 입지를 못해
언제입을지 몰라 오늘 저녁 꺼내서
예쁘게 차려입고 자유 공원에 올라왔어

이리 기웃 저리 기웃
나에게 말 거는 사람
이쁘다는 사람 하나도 없었어

벤치에 혼자 앉아 있는
아저씨가 마음에 들었어
사진 한 장만 부탁해요!
수작을 걸었어,
잘되면 차라도 한잔 마시려고

어쩌나,
사진도 찍기 전에 저쪽에서
여보 그만 집에 가요!
헛다리만 짚었네
커피숍에 앉아 외로워서
글 한 편만 쓰고 내려왔어.

빨간 우체통

내임 소식 전해오는
빨간 우체통 너는 알고 있겠지
쌓여만 가는 사연들

슬픔 행복 사랑
실어 나르는 통속에 비밀을
입으로 받아 가슴속에
차곡차곡 쌓아가는 사연들을

오늘은 난
어머니께 안부 편지를
빨강 우체통에 전하고 간다.

사랑

햇살 한 줌
흙 한 줌으로
행복할 수 있는 아침

여린 꽃 숨 열어
달게 내민 꽃망울같이
노란 등불로 태어나

누군가 나로 인해
외롭지 않았으면
사랑이란 그 말처럼

사랑은

사랑은 소낙비처럼
한순간 벼락같이 쏟아지다가
쨍쨍 내리쬐는 햇볕처럼 순식간 변하고

사랑은 장작불처럼 활활 타오르다가
연기만 남기고 사라져 가고

사랑은 술에 취한 사람이
하룻밤 자고 일어난 것처럼
아픈 기억을 깨끗이
잊어버렸으면 얼마나 좋을까

아프다, 잠 못 자고
밥도 먹을 수가 없다
살고 싶지 않다는
누구나 한 번쯤은
경험을 해봤을 것 같다

지나고 나면 바보 같은 짓인 걸
다시 사랑을 하면 되는 것을
그 순간만은

천장을 쳐다봐도 그 사람
잠을 자고 일어나도 그 사람,
어느 곳을 둘러봐도
그 사람만 보인다.

사랑의 빛깔

사랑은 빛깔도 아니고
사랑은 소리도 아니고
사랑은 참 마음입니다

사랑은 배려하고 믿어주면
어느 날 꽃을 피우고
열매를 맺어 주니까요.

사월을 보내며

밤새 어두운 산길을 밝히느라
하얗게 바래버린 하현의 반달을 머리에 이고
잔인한 사월의 산자락을 밟고 또 밟아
연경의 정수리에 올랐네

그래 이제 내려갈 일만 남았다
그렇다 가야 할 때 미련 없이
떠날 줄도 알아야겠다

목련 개나리 진달래 벚꽃으로 수를 놓고
라일락 향으로 정점을 찍은
사월은 또 그렇게 우리들 곁을 떠나
세월의 저 편으로 불려 가고

노린재 산사 팥 배 아카시아 만발한
계절의 여왕 오월을 맞이하자
오늘도 사람의 향기가
물씬 나도록 살아보자.

산책로

문학산 산봉우리마다
진달래꽃이 피어오른다
산마다 분홍빛 색칠하려고 분주하다

며칠 지나면
만개한 진달래꽃은
진분홍빛으로
온산을 뒤덮을 것이다

나는 그 붉은
동산에서 꽃으로
피어나길 원하지만
마음만 뜨겁게 달궈지다가
말일이다.

산행

시나브로 길어지는 밤의 시간
늦가을은 새벽이 밤같이
어둡기만 하다

어제는 외할머니 등짝같이
좁다랗던 연경의 등성이가
오늘은 아버지 등판처럼 넓게 느껴져
깃털처럼 가볍게 산길을 걷는다

팔월의 팔자처럼 날씬한 허리를
만들어 보겠다고 산에 오르고 있다.

제5부

소낙비 같은 사랑

하늘이
더 높고 파래 보여요
공기도 싱그러워요
힘들었던 모든 게
희망으로 보여요
어젯밤 소낙비 같은
사랑이 찾아왔거든요.

소나무

오늘 그대를 처음 보았어요.
서글서글한 눈매에 웃음 가득한
그만 반해 버렸어요

내 마음을 그에게 속삭였죠
우리 한번 사귀어 보면 어떠냐고
그렇게 우리는 사랑을 시작했죠

시간이 갈수록 우리는 정이 들어
결혼을 약속했죠

사계절 내내 늘 푸르게만
서있는 소나무처럼 변하지 않고
사랑하겠노라고 굳게 다짐하고
새끼손가락 걸고 약속했었죠

어느 날부터인가
그 뜨겁던 사랑이

비 갠 날 무지개가
떴다 사라지듯이
싹 지워져 버렸어요

늘 푸른 소나무 아래
오늘은 나 혼자만
쓸쓸히 찾아왔네요.

성상의 다리

육십 성상의 다리를 건너다보니
백발이 흰 눈처럼 내리고
이마엔 주름이 하나둘 늘었네

묵묵히 걸어온 길 돌아다보니
너무 많이도 걸어왔다는 걸
때론 종점이 어디인지 얼마쯤
더 가야 종점에 다다를 수 있을지
주저주저하며 내키지 않는 발걸음
내디딜 때도 있었지만

그다지 중요한 것은 아니기에
난 내 마지막 하늘을 바라보는
그날을 위해 뚜벅뚜벅 걷는다

걸어온 길섶에는 아름다웠던
인연도 가슴 아픈 인연도 있었다

나를 떠난 사람들 다시 만나게
될 사람들 내게 다가오는 모든
인연에 순종하며
즐거운 마음으로 살아야겠다

인연은 엄동설한의 서리처럼
겨울 담장을 슬그머니 넘어오는 것
그 인연을 위해 마음 문 활짝
열어놓고 기다려야겠다.

슬픔

무언가 채워지지 않는
허전함에

고독이 성난 파도처럼
밀려온다

내 마음은 그임
따뜻한 말 한마디에

천국이었다가
지옥이었다가.

아버지의 부음

보고 싶은 딸이
오늘은 찾아올까
싸리문 들락날락
기다리시던 아버지

그리도 오매불망 그리워하던 딸이
찾아왔건만 알아보지도 만질 수도
없으시겠구나

살아계실 때 한 번이라도 더
찾아와서 부모님 품에 안겨 볼 것을
이제는 몸부림치며 불러봐도 대답 없는
아, 아버지!

아침

이런저런 생각 때문에
잠들지 못할 때
내일을 가늠할 수 없기에
그렇게 마음이 고통으로
물드는 순간,

숨결마다 안기는 바람의 알싸한
냄새도 머리 위를 지나가는
한때의 구름도 보지 못하고

잃은 것을 찾기 위한 욕심 때문에
소중한 순간들을 놓치며
싸우며 미워하고 한 줌 흙에서와
흙으로 묻힐 몸이건만.

약속

십 년 동안 생사고락같이 해온 짝꿍
전국 대회 시 대회, 구 대회
언제까지나 함께 나가자고
손가락 걸고 약속했던 짝꿍과
시합에 나가면 늘 우승했다

그런데
짝꿍은 안타깝게도
시합 도중 눈을 심하게 다쳐
우리는 대회를 나갈 수가 없게 되었다

약속은 물거품이 되어
우리를 슬프게 했지만
짝꿍이 하루빨리 회복되어
다시 건강한 몸으로
돌아오기를 간절하게 기도했다.

어버이날

눈을 살짝 뜨니
방안에 장미꽃향기가 가득하다

아들이 전해주는 사랑의 향기가
내 마음속에 가득히 전해온다

어머니 오래오래 사세요!
금강산 구경도 시켜 드릴게요
꽃바구니에 글을 써서 꽂아 놓았다

가슴 뭉클해서 코끝이 시렸다.
아들아, 그런 생각까지 하고 있었구나

엄마는 말이다
요즘 약을 먹었는지
냉장고에 무얼 꺼내려고 왔는지
깜빡 깜박할 때가 있어서
그런 약속할 수가 없단다

그냥 가는 날까지
아들에게 짐이 안 되고
훌쩍 떠나고 싶구나
고맙고 효심 가득한 아들에게.

어머니

이름만 불러도
심장이 터질 것만 같은
바보 같은 어머니,

죽어라 동생 등록금 마련해 놓고
그 돈 쓰면 큰아들 대학 못 간다고
혼자 병 앓으시다가 세상 떠나신 날

자식들 고통의 눈물은 어찌
생각 왜 안 하셨는지
대학 안 나와도 잘 살 수 있고
돈 많이 벌어서 어머니 호강도
시켜드릴 수 있었는데

생각하면 가슴 저린 통곡이 나온다
아, 가엾은 우리 어머니.

연경산 덕분이네

구수한 소여물 끓이는 냄새
원천은 새들의 샘터가 있는
작은 숲이다

산머루 덩굴손이 얽히고
설켜 있었고 원뿔
꽃차례에서 오늘도 여전히 구수한
향기를 뿜고 있었다

연경의 최고 음치인
꿩은 꿩 노래 부르고
신이 준 선물 중 최고의 선물인
팔 음을 낼 수 있는 난 연경의 명가수
산 위에서 부는 바람을 흥얼거려 본다.

연경산의 매력

가랑비에 옷 젖는 줄
모른다는 말도 잊은 채
연경 정에 도착해
봄비에 옷도 젖고

봄바람에 귀도 먹고
봄 안개에 눈도 멀고,

짙은 안개 자욱한 연경은
마치 운해의 한복판에
표류한 배 한 척 같다

이 비 그치면 봄은 빠르게 왔다가
금방 가버릴 거야
한날한시도 놓치지 말고 즐겨야지.

제6부

영정사진

세상 떠난 지 언젠데
아직 왜 그렇게
웃고 있는 거요?

옆에 있을 땐
한 번도 안 웃어 주고요

제일 미운 사진 찾아서
사진틀에 바꿔 끼워 넣었다.

옛 터전

바람에 흔들리는
연초록의 나뭇잎 사이로
언 듯 언 듯 보이는 푸른 하늘은
어느 누가 그려 놓은 연경의
푸른 전설인지

학동들의 재잘거림 지금도 들리는 듯
덩그러니 빈터만 남겨진 학산 서원

봉긋봉긋 솟아 있던 수많은 무덤 들은
파묘의 아픔을 안고 어느 화장장으로
향했을까,

상전벽해 지금 그 자리엔
유택의 흔적은 사라지고
황새냉이 달맞이 개망초들이
옹기종기 자리하고 있었다

좁다랗게 난 작은 길 걸어 연경을 올라
머리 드니 하현의 그믐달이 한쪽 눈
지그시 감아 윙크를 보낸다.

영흥도 가는 길

비가 부슬부슬
내리면 내 마음도
그리움에 젖는다

그대 떠나고
못 잊어서 자주 찾아가는
추억의 바닷가

영흥도 다리를 건너갈 때면
언제나 창문 열고 소리쳤지
사랑해 행복하게 해줄게.

지금도 귓가에 목소리
쟁쟁하게 들려오건만
그대 떠난 빈자리 외로움만 쌓이네.

우산

하굣길 소낙비가 내렸지
십 리 길 걸어서
우산 하나 들고 오셨네

하나밖에 없는 우산 쓰지 않고
꼭 안고 온 어머니,
나에게만 우산 받쳐주고
비를 흠뻑 맞아 감기 들어
며칠 고생을 하셨지

세상 비바람 다 막아주신
큰 우산이셨던 어머니
비 오는 날 우산이 되어주셨던 어머니
그리워 그리워서 내 눈에 비가 내리네.

원미산 진달래꽃

진분홍 드레스 입고
진달래가 시집간다네

하객들의 행렬이 끝없이 이어서고
너도나도 갖고 온 음식들이
산해진미를 이루었네

잔칫집 분위기 점점 무르익어
이름 모를 새들도 날아와
축가를 불러 주네

원미산 진달래꽃
연지 곤지 찍고 시집간다네.

위문편지 1

국군 아저씨께!
저는 오늘 아기 보느라고
친구들과 고무줄놀이를
못하고 구경만 했어요

동생이 너무 미워서 꼬집었어요
오늘은 동생 재워놓고
고무줄놀이를 재밌게 하다가
시간 가는 줄도 모르고
깜짝 놀라 동생 생각이 났어요

정신없이 뛰어 들어갔더니
엄마가 사정없이 때렸어요
저녁도 못 먹고 쫓겨나서
뒤란 옆 굴뚝에서 숨어서 잠들었죠
어머니께 들켜서 또 맞을 줄 알았는데
방문을 열어주고 밥을 차려 주셨어요
동생이 미워요,
아파서 밥도 먹기 싫어서 그냥 잤어요.

* 초등학교 위문편지 일기.

위문편지 2

국군 아저씨께!
오늘도 학교에서 집에
오자마자 매를 맞았어요.
아궁이에 불을 때는데
이유도 모른 채 부지깽이로
맞았어요.

엄마한테 매 맞고 쫓겨나서
굴뚝에서 잤다고 왜 그런 말을 썼냐고
때리고 나서야 말씀하셨어요
엄마는 우체부 아저씨한테 편지가 오면
먼저 읽어보고 저에게 주셨나 봐요

참, 나중에 알았지만,
엄마도 아저씨께 편지를 써서
제가 편지를 써서 부칠 때
같이 넣어서 보내셨대요

엄마가 아저씨한테 위문편지를 보낸 건
연애편지가 아니었을까 생각을 해봐요
맞을 사람은 엄마인데요,

그날부터 화가 나서 국군 아저씨께
편지를 안 썼다.

* 초등학교 위문편지 일기.

편지

멋진 남자가 있었습니다
마음에 드는데 눈길 한번 주지 않아요

그래서 매일 시를 써서 보내기 시작했죠
어느 날 답장이 왔어요
두근거리는 마음으로 편지를 읽는데

보내지 마, 귀찮아 죽겠다
읽지도 않는다

자존심이 상하고 창피했지만
그래도 미련이 남아
시를 써서 매일 보내니
두 번째 답장이 왔죠

그래도 시는 잘 쓰네
계속 써서 보내라
띄어쓰기가 틀린 게 있으니
잘 봐라

그날부터 한자씩 두 자씩 틀리게 써서
보냈죠
오가는 시와 답장은 쌓였죠

밥 사줄 게 나올래
네가 좋아졌다

시를 써서 그 사람의 마음을
사로잡아 결혼까지 골인했죠.

유리창

달리는 버스 창가에 김이 서린다
경치를 보기 위에 뿌연 창을 닦아 낸다
유리창에 동행하고 싶었던 얼굴을 떠올리며
이름을 써본다

스치는 창가로 다가오는 오두막집
불 켜진 창이 따뜻해 보인다

유리창에 썼던 글씨를 지우지 않아
아직 선명하게 남아있다
사. 랑. 해.

은하수

견우와 직녀의 슬픈
사랑을 알고
캄캄한 밤하늘에
작은 별들이 모여
하얗게 반짝이는
다리를 놓았다

일 년에 한 번 만나는 날
비가 오면 만날 수 없는데
달 밝아도 은하수는 보이지 않는다
일 년을 더 기다려야 하는
안타까움에 얼마나 힘들까.

이름 모를 꽃

길 가다 무심코 밟아버린 꽃
죽어버릴까 봐 미안해서
일으켜 주다 보니

살려달라고 애원하는 눈빛이
두 눈으로 나를 바라보는 것만 같아

이름 모를 꽃이지만
작은 꽃이 얼마나 예쁜지
뿌리까지 잘 캐어 집으로 가져와

예쁜 화분에 심었다
잘 자라서 맘껏 피워주렴
아무리 꽃이라 해도
우리 인연은 특별하지 않니?

제7부

잊혀가는

숨이 막히도록
찌는듯한 더위도
선선한 바람이 불어오니
언제 더웠냐는 듯이
또 잊혀가는
추워지면 어떡할까
걱정부터 앞서지만
힘들고 괴로웠던 시절은
잊혀가는 것인데.

일기

너 쌌지?
아니야,
소낙비가 오는 날
친구와 둘이
학교에 갔다가
집에 오는 길에
하던 대화다

우비를 입었지만
속옷까지 다 젖었다
우리는 얼굴을 마주 보며
빙그레 웃었다

비 맞아서 추운데
뜨거워서 좋다
야,
남자는 서서 싸니
옷에 다는 안 싸겠지,

깔깔대며 웃었다

집에 들어왔다
옷은 젖었으니까
갈아입었지만
목욕은 했었을까?
기억이 안 난다.

잠 못 드는 밤

별빛처럼 빛나던 그대 눈동자
반짝이던 때가 그리워서
잠 못 드는 밤입니다

뭐 그리 급하다고 빨리 가셨나요
그곳에 보고 싶은 여인이 있었나요,

그래도 가끔은 내려와 팔베개하고
나 좀 잠들게 해 줘요

비가 오려는지 천둥번개 소리 들려
무섭기도 하고 보고 싶어서 편지를 씁니다

당신이 나에게 편지라도 보낼 수 있다면
살아가는 기쁨이 조금은 채워질 것 같아요

그리워서 하는 투정이라 생각하고
그냥 들어 주기만 하세요.

존재의 이유

산봉우리마다
리듬에 맞춰 들려오는
산새들의 노랫소리
아침 인사를 한다
야호
메아리 소리
응답을 해오고
연경산은
내가 살아가야 하는
존재를 알게 해 준 산이다.

진달래꽃

여리고 부드러운 꽃잎이
여인의 입술 같아라

아침 이슬을 맞은 꽃술은
부끄러워 고개를 숙이고 있네

지나가는 나그네
어찌 그냥 지나치랴

코끝에 향기를 맡으며
지그시 눈을 감는다.

찻집

유리창 너머에
멋진 중년 신사가
지나가네요

저,
여기를
봐주세요

잠시만 시간 좀
내주세요

바쁘지 않으시다면
들어와 주세요

차 한잔
같이하고 싶어요

순간, 졸음 속에서
지나가는 바람 한 줄기였네.

첫사랑

우리는 남녀공학이었지
순자와 난 한 남자애를 좋아했었지
순자와 난 서로 미워했고
결국에 우린 싸움하고 말았지

서로 머리채를 잡고 뜯고 싸우다가
선생님께 끌려가고 말았어
왜 싸우냐고 바른대로
말하면 손바닥 안 때린다고
해서 말을 했지

선생님께선 그 이튿날 우릴 부르셨어
선생님이 그 애를 불러
민자가 이쁘니, 순자가 이쁘니?
물어보셨는데 그 남자애는
너희 둘은 아니고
부반장이 더 이쁘다고 하더라
그러니 너희는 이제 싸우지 말고

사이좋게 지내거라

창피했지만
그날부터 나와 순자는
부반장을 더 미워했었다
그래도 난 열심히 편지를 썼다.

친구

세상에 이보다 더 좋은
인연이 또 있을까,
밤새 볏단을 나르던
의좋은 형제는 아닐지라도
그저 먼발치에 있어만 줘도
그것으로 넉넉한 인연

아무것도 없이 살더라도 모자람으로
서로에게 불편 주지 않는
그런 인연 일 년 열두 달 중에
한두 번 만나도
이른 새벽 거미줄에 맺힌
이슬 같은 청량함을 주는 그런 인연,

칡꽃 향배인 몸뚱이 함께 비비고
시절을 회상할 수 있는
그러한 인연으로 해서
적적한 늙음을 채워 가며

살아갈 수 있다는 것
얼마나 향기로운 인연인가.

칠월 초하루

빗겨 내린 안개가
하늘과 맞닿으니
어디가 하늘이고 땅인지
구분이 되지 않는 연경에서
칠월의 첫인사

청포도가 익어가는 시절
시작과 끝이 함께 맞물려 있는 오늘
가버린 과거는 가버린 대로 묻어 두고
살아 숨 쉬는 현재에 열심을 다 하자

옛말 어정칠월이라 했으니 느슨해지지 말고
늙어 갈수록 긴장의 끈 놓지 말라는
경문으로 여기고 용기와 열정 갖고
칠월도 노익장 과시하며
책임과 노릇을 다하는
활발한 칠월을 살자꾸나.

청개구리와 가로등

개구리가
가로등 밑에서
낮잠 자다가
입만 떡 벌리면
날 파리가
쏙쏙 들어간다
명당자리 잘
잡은 개구리
팔 자 한번 좋다.

카페에서

잔잔한 음악이 흐르고
초록의 잎들이 무성한 싱그러운 카페
시원한 커피와 케이크 한 조각
누구랑 먹으면 좋을까,

행복하게 해 줄 수 있는
환하게 웃게 해 줄 사람이라면
케이크 한 조각 스스럼없이
입에 넣어주면서 달콤함을
말할 수 있는 그런 사람이라면 좋겠다

우연히 들어간 예쁜 찻집에서
쓴 커피만 홀로 두 잔째 마시고 있다.

제8부

커피

커피 마실까,
소주 마실까?
그야, 소주지

소주는 술에 취해서 좋고
커피는 써서 싫다

커피 맛을 모를 때
밥값보다 비싼 커피
내가 한 대답이다.

큐피드 사랑

뜨거운 사랑 하나 내게
주지도 않았건만
그대 사랑 내 마음속에
큐피드 화살처럼 꽂혀 있어요
내 마음도 훔쳐 가세요
그대 가슴에 불화살이 되어
영원히 머무르며 살고 싶어요.

한 줌인 것을

이런저런 생각 때문에
잠들지 못할 때
내일을 가늠할 수 없기에
마음이 고통으로 물드는 순간

숨결마다 안기는
바람의 알싸한 냄새도
머리 위를 지나가는
한때의 구름도 보지 못하고
잃은 걸 찾기 위한 욕심 때문에

소중한 순간들을 놓치며
서로 빼앗고 싸우며 미워하고
한 줌에 흙에서와 흙으로 묻힐 몸
우리네 삶은 바람처럼 지나갈걸

오늘 아침에도 살아났구나.

할미꽃

손주들 업어 키우시느라
새우등처럼 굽어 굽으셨네

자식들,
이쁜 손주들

행여나
찾아오지 않을까

산소 앞에 할미꽃
마중 나와 계시네.

해돋이

그대와 해돋이 보러 찾아왔던 곳
지금은 울면서 홀로 찾아왔네

떠오르는 태양을 보며 새끼손가락 걸고
영원히 사랑하자고 맹세했었지

미치도록 사랑했던 사람아
당신이 오늘따라 너무 보고 싶어
흔적이라도 찾으려고 울면서 찾아왔네.

행담도

갈매기
높게 나는 바닷길

섬과 섬 사이
운무처럼 피어나는 그리움
입맞춤하고

여행객 들뜬 입담 푸는
구수한 행담도

찰랑거리는 물소리에
천년 시름 씻기 운다

반상 위 바둑돌 소리
우레 같아라,

바람도 숨 고르며
넘나드는 돌담길

명사십리 은륜 물결
바다 위를 달리는데

보아라, 보았는가
여행객 쉬어가는 둥지 섬.

호수

햇살에 반짝이는
호수는 그대로이고
출렁이는 다리도
그대로인데

모든 게 있어도
내 곁에 그대만 없구나,

나 두고 떠나버린
야속한 너
언제나 잊으려나

저 떠다니는
한 쌍의 물새들이
나보다 낫구나.

황혼 길

피를 토하듯 울어대는 두견아
무슨 사연이 있길래 저리도
울어댈까,

부추 잎에 매달린 이슬처럼
짧게만 느껴지는 내 인생이
허무해서

나도 소리치며 울고 있지만
황혼 길에 노을빛 듬뿍 안고 가자.

고생 졸업식

아들 졸업식날 사각모자를
나에게 씌워 주면서 하는 말,

엄마는 내가 책임지고
잘 모실게요

그동안 고생 많으셨으니까
엄마도 학사모 써봐요

잘 어울린다고 사진을
많이 찍어 주었다

믿음직한 아들이 대견스러워
내 인생 고생 졸업식 같아 속울음이 난다.

아름다운 집

석양에 물든 노을빛이 타올라
창문으로 비쳐 들어오고
효자 아들 저녁 식사를 하다가
사진 찍어 주면서
엄마, 분위기 좋아요
이 아름다움을 시로 표현해 보세요!
아들은 엄마가 시인이라고
좋아하며 응원해 준다
주께서 복을 내리셨는지
52층 타워에 중간층이 우리 보금자리,
인천 대교로 넘어가는 석양을
매일 바라보며 기도한다
글 잘 쓰는 시인이 되어 효자 아들
환하게 웃는 모습을 상상해 본다

해설

| 해설 |

아픔과 외로움을
시로 풀어낸 사랑의 정원이다.

정정예 (수필가)

    시인의 결핍된 사랑이 외로움에 젖어있다. 보이지 않는 사랑을 갈구하는 그리움이 전편에 흐른다. 내재된 아픔의 결국은 시인의 발길을 붙잡고 시를 짓자고 한다. 시와 만난 시인의 삶이 시의 세계로 귀결하여 외로움이 글 속에 스며드니 충분한 자양분이 되었다. 허기진 사랑을 안착시켜 시 꽃을 피워내고 있다.

    바닷가 작은 마을,
    할아버지 앞마당 깨끗이 쓸어놓고
    할머니 고추 따다 말리고 손주들
    돌보시며 집안일은 맡아 하신다

아버지 어머니 갯물이 빠질 때면
바다로 나가신다
바지락 새우, 방게 숭어를 잡아
장에 가서 파신다

그 돈 모아 두 남동생은
엄마의 소원대로 선생님이 되었고,

허리가 새우등처럼 굽으시고
손바닥이 거북이 등처럼 딱딱해지신 부모님
저, 바다에서 얼마나 힘드셨을까

바닷물이 빠지고 갯벌이 보인다
바다를 향해 거북이 등으로 기어가시는
아버지 어머니,
뒤돌아보시며 손 흔들고 계시다.

— [부모님의 바다] 전문

  삼대의 걸친 삶의 애환을 녹인 현장을 생생하게 기록하고 있는 산문시다. 바다를 눈앞에 둔 농경사회의 풍경을 고스란히 부모님의 바다에서 목격된다. 할아버지 할머니, 아버지와 어머니, 온 가족이 한 가정을 가꾸고, 키워내고 지키기 위해 사랑을 집약시켰다는 게 감동이다. 개인주의와 이기주의가 팽배한 시대에 모범이 되는 글이 아닐 수 없다. 화자가 보는 가족들의 시선은 가족들 모두가 자신의 역할을 충분히 해나가는 건강한 가족이다.

    푸른 양탄자 위에
    토끼들도 뛰어놀고
    새털 같은 구름이
    예수님도 그려주네

    어머! 저건 뭐야
    또렷하게 그려주는
    우리 엄마 모습
    천당 가 계시는구나,

    자꾸자꾸 변하는
    새털구름 바라보며
    하늘나라에 먼저 간
    내 동생도 있나 찾아본다.

                      — [가을 하늘] 전문

  화자는 가을 하늘을 올려다보면서 아픈 글을 해맑은 동심으로 풀어서 썼다. 푸른 하늘을 양탄자라고 비유했고, 그 위에 토끼들이 뛰어놀고 있었었는데, 새털구름이 예수님도 그려주고 천당에 가 계시는 엄마 모습도 보여주다가 자꾸자꾸 변하는 구름 속에서 먼저 간 동생도 있나, 찾아본다고 했으니, 속으론 얼마나 눈물이 났을지 짐작한다. 시인의 맑은 시심이 깃들었다.

향기에 취해 눈을 감는다
걸으면서 코끝으로 들어오는
짙은 향기

이 향기가 좋아서
가을이 찾아왔구나,

꽃잎에 머물다가
향기에 머물다가
가을이 흠뻑 취했구나.

— [국화꽃] 전문

 화자는 국화 향기가 좋아서 가을이 찾아온 것이라고 묘사했다. 보조관념이 원관념을 뛰어넘어 작품을 돋보이게 하는 간결한 문장이 힘차다. 국화 향기 그윽하게 퍼져 작품에 흠뻑 취하게 하는 빛나는 문장이다.

세상 떠난 지 언젠데
아직 왜 그렇게
웃고 있는 거요?

옆에 있을 땐
한 번도 안 웃어 주고요

제일 미운 사진 찾아서
사진틀에 바꿔 끼워 넣었다.

— [영정사진] 전문

  세상 떠난 남편의 영정사진 속 웃는 얼굴이 보기 싫어서 제일 미운 사진으로 바꿔 끼워 넣었다고 하는 건 너무나 보고 싶고 그리워서 그랬을 것이다. 그리운데 볼 수 없는 사람이 밉다는 반어법을 쓴 시가 잔잔한 울림을 준다.

손주들 업어 키우시느라
새우등처럼 굽어 굽으셨네

자식들,
이쁜 손주들

행여나
찾아오지 않을까

산소 앞에 할미꽃
마중 나와 계시네.

— [할미꽃] 전문

화자는 부모님의 바다에서 할머니의 사랑, 손주들 업어 키우는 모습을 보고 자랐기 때문에 할미꽃이 새우등처럼 휜 허리로 산소 앞에 손주들이 행여나 찾아오지 않을까 마중 나와 계신다는 시어가 어떤 미사여구 없이도 마음에 와닿는다. 윤민자 시인은 시 밭을 잘 가꾸어가고 있다. 풍성한 시 수확을 펼쳐 보인 창작의 세계를 구축해 나가고 있다. 앞으로 무한 창공을 누비는 시인의 모습이 보인다.

윤민자 시집

부모님의 바다

―――――――――

인쇄 2024년 11월 22일
발행 2024년 11월 28일

―――――――――

지은이 윤민자
발행인 서정환
펴낸곳 신아출판사
주소 서울특별시 종로구 삼일대로 30길 21. 종로오피스텔 809호
전화 (02) 747-5874, (063) 275-4000, (063) 251-3885
팩스 (063) 274-3131
이메일 sina321@hanmail.net
출판등록 제465-1984-000004호
인쇄·제본 신아문예사

―――――――――

저작권자 ⓒ 2024, 윤민자
이 책의 저작권은 저자에게 있습니다. 서면에 의한 저자의 허락없이
내용의 일부를 인용하거나 발췌하는 것을 금합니다.
저자와 협의, 인지는 생략합니다.
잘못된 책은 바꿔 드립니다.

―――――――――

ISBN 979-11-94198-77-2 (03810)

값 12,000원

Printed in KOREA